Dedicatorias
Sonetos y antisonetos

Gustavo Geirola

Dedicatorias
Sonetos y antisonetos

Buenos Aires, Argentina - Los Ángeles, USA
2022

Dedicatorias. Sonetos y antisonetos

ISBN 978-1-944508-49-4

Ilustración de tapa: Foto de Mona Eendra, gentileza de Unsplash
Diseño de tapa: Argus-*a*.

© Gustavo Geirola 2022

All rights reserved. This book or any portion thereof may not be reproduced or used in any manner whatsoever without the express written permission of the publisher except for the use of brief quotations in a book review or scholarly journal.

Editorial Argus-*a*
1414 Countrywood Ave. # 90
Hacienda Heights, California 91745
U.S.A.
argus.a.org@gmail.com

NOTA AL LECTOR

Imagino que al lector podría interesarle conocer la historia de este poemario. Los sonetos y antisonetos fueron escritos aproximadamente entre 1976 y, con certeza, hasta 1981. Estos datos no resultan triviales si se tiene en cuenta que fueron años funestos para la Argentina. Este manuscrito de juventud, cuyos poemas se escribieron en Buenos Aires y algunos pocos después de mi traslado a la ciudad de San Miguel de Tucumán en enero de 1981, se hallaba perdido hasta la fecha. La evidencia muestra que, por aquel entonces, debí haberle dado el poemario al poeta tucumano Alberto Rojas Paz para conocer su opinión y comentarios, quizás en alguna charla por aquellas noches de miedo en el legendario café La Cosechera, donde usualmente se reunían los artistas. Si la fecha de 1981 es clave, lo es porque Alberto falleció en un accidente en ese mismo año. Mi propio manuscrito se extravió en alguna de mis múltiples mudanzas por el Noroeste Argentino o por Estados Unidos. Hace precisamente unos días que mi amiga Gabriela Abad, con quien compartí y sigo compartiendo tantas aventuras teatrales y académicas, me comunicó que su esposo, Jorge Rojas Paz, había encontrado aquella copia del poemario en unas cajas de su hermano Alberto.

Fue una gran felicidad poder reunirme con estos ejercicios poéticos. En esta edición lo publico tal cual, salvo algunas pequeñas correcciones de puntuación. El prólogo que acompañaba al poemario lo he dejado intacto, tal como fue escrito hace tantos años. He puesto iniciales de algunas personas a las que los poemas fueron dedicados, evitando sus nombres. Salvo un par de excepciones obvias, no hay ninguna relación entre el poema y la persona a la que le fue dedicado, seguramente como homenaje por un encuentro amistoso o como regalo por algún aniversario. La dedicatoria o el misterio que inauguran esas iniciales, no agrega ni quita a la lectura ni al sentido del poema, si lo tuviere.

Todo mi agradecimiento a Gabriela Abad y a Jorge Rojas Paz por haber recuperado un manuscrito tan entrañable para mí. Y, sobre todo, mi agradecimiento a Alberto Rojas Paz por haberlo guardado tan cuidadosamente.

Gustavo Geirola
Los Angeles, 30 de octubre de 2022

DEDICATORIAS

Sonetos y antisonetos

Dedicatorias

Si estos ejercicios tienen un valor, lo deben a su ser dedicatoria. Demás está decir que una poética está implícita en ellos, los subyace. Sin embargo, no todo lo que aparece como soneto es soneto. Esa tal vez sea su sabiduría.

Algunos están íntimamente ligados a su dedicatoria; en otros, ésta es solo un homenaje, un recuerdo o un agradecimiento. A veces también una excusa.

No todo lo que dicen me pertenece. Algunos apenas dicen. Si algún significado se les atribuye, me es totalmente ajeno e incluso irrecuperable. Ocurre que el significado es totalmente ajeno a la literatura. Son, al fin, como un juego, aunque algunos, al menos por un instante, fueron desgarrón afectivo. Pero esto al lector le importa poco. En todos hay una clave para la propia lectura, ya que cada lectura tiene cerradura propia. Así como están, me son extraños; solo me pertenecen las motivaciones. El resto es todo de ellos. El arcaísmo de su presentación no es tal. Es apenas el acorde que suena raro en la dimensión presente del ruido que hoy algunos aplauden bajo el nombre de poesía. En todos no he hecho más que festejar mi propia lengua, alejándome siempre del oxidado chapaleo de las traducciones y sus progenies, que se ha reproducido hasta la barbarie por todas partes. El tiempo dirá si lo he logrado.

Por último, hay dedicatorias tan evidentes para los entendidos, que su mención me resulta contraproducente. La literatura es siempre repetición en tonalidades diferentes. Si la repetición vale, más valen las razones de cada tonalidad. No ignoro que en la elección de dicha tonalidad radica el espanto de la historia. De todos modos, el silencio no impide el acercamiento de los profanos, aunque —en la idoneidad de las letras— ciertas intenciones se hacen más transparentes, eso es todo.

I

a C.G.

La dimensión apócrifa del sueño
rasguña una cigüeña. Entre su risa
la crisálida breve se da prisa,
mas desbarata el viento su arduo empeño.

Corre, tan presurosa, y frunce el ceño,
ante la clara estrella que le atiza
un juvenil espanto en su camisa
que oculta el vano corazón sin dueño.

Como noche gastada y sin rocío,
vacía, no la alcanza la belleza
del brote. Un punto frío es donde bebe,

de sus años sin cauce y aun sin río,
un tantálico barco sin realeza
que en la escarcha tirita y no se mueve.

II

a C. S. de C.
por abrirme las puertas de la poesía
y el misterio de San Juan de la Cruz.

Estímulo perfecto de este cuerpo
Vaga precariedad la que supone
Que bajo los augurios que le opone
la mirada no ve más que desierto

Espejo de no sé cuántos aspectos
De innumerable forma y simpatía
Florecen como pompas de alegría
Bajo el olvido loco de un concepto

Recuerdo solitario de una rima
Y signo de promesas no cumplidas
Bajo la noche oscura de los años

El símbolo lo intenta mas no atina:
Objeto que en el curso de la vida
Sólo genera para sí su daño

III

En todos los estratos he probado
y en ninguno de ellos conseguido
que Amor me desbordara los sentidos
como otrora de Amor me habían contado

Opaco soliloquio de egoísmos
recurso de palabras desgastadas
perennes vanidades enfrentadas
ceremonia de adioses y el abismo

Viviendo lo real en lo que es útil
el tiempo pone sobre el inhibido
cuerpo, corteza de esa piel que damos

si del tormento de saber que inútil
resulta la ilusión de ser queridos
con el amor que alguna vez soñamos.

IV

Primitivo y antiguo ese deseo,
arquetípica senda de mi hora,
de macerar mi carne se demora
contra un cuerpo feroz que yo no veo.

Que en opaca cadena es que no creo
pueda, de estrellas fijas, cuando ahora
bajo el signo fatal por lo que ignora,
trasmutar el sentido en aleteo.

Es preciso tal vez dejar constancia
que llevo de otros cuerpos la fragancia,
dolor estéril que no alcanzó a la miel.

A Eros no ofendí. Cupido, ciego,
ha perdido su blanco. En ese juego
la vida calla lentamente en piel.

Dedicatorias

V

Buscando la escritura que se atreva
a designar el mundo y fragmentarlo
mostrando en la apariencia de curarlo
el silogismo de su propia espera,

primero, ella se ordena que no vea,
y arrasa con el borde al rechazarlo;
ciega, tampoco habla, y al alzarlo
sólo al silencio inhibe que provea.

Cumple, segundo, al preformar un cuerpo
bajo el auspicio de sus varias bocas
en el instante mismo en que dormita,

y nada más le queda, pues, que un cerco,
santuario de un saber que se trastoca
y un falo que sonríe y que vomita.

VI

En el esquema rápido de un beso
el labio se aproxima y se desgaja;
grita la piel en sórdido embeleso
donde el cuerpo se abre y se relaja;

extiende el brazo y en brutal deceso,
para alcanzar la intimidad de alhaja,
el cuerpo se sacude. Un brote espeso
inunda allí donde la mano baja.

Ya que el ambiguo escándalo prorrumpe
en reprimidas quejas silenciadas
y por el veredicto del derrumbe

cada palabra toma cuerpo y ala,
el artificio teje su deslumbre
y la vergüenza corre, muere y para.

(arte poética)

Dedicatorias

VII

a R.V.

Nobles y esclarecidos por las ruinas
de guerreros altivos seréis barcos
que iréis andando bajo leves marcos
entre perennes del azul espinas.

Las diabólicas fauces de sus minas
guardan zarcillos que remotos arcos
en su suicidio juvenil no parcos
les cedieron curiosos, mortecinas.

Dejos de una guirnalda que no hiere
y ata y remonta sus caudales fríos
despliega como cintas su desgano.

Lánguidas y sensuales con las manos
ciñen las algas sus pequeños bríos
y un secreto rumor resurge y muere.

VIII

a A.T.

Hay un azul que diamantino inquiere
el espasmo crucial de su relevo
y ante las garras que le ofrece el fuego
reverbera en escamas y no hiere.

Se sorprende fugaz de que le espere
en el otro costado de su miedo
la fatídica luz en donde el ruego
se petrifica y baña hasta que muere.

Sueña, deshace su castigo loco,
en exorcismos vanos de lamento
y se enjuga las lágrimas que el viento

sacude hasta los bordes de la rosa.
Allí se deja y se abandona un poco
en su lucha feroz, que no reposa.

IX

a mí mismo.

Un cielo vertebral, nube de plomo,
remanso soñador, clave y pupila,
dormir a la deriva, verdes pomos,
mensaje incorruptible de sibila.

Alondra amanecida, negro lomo,
presagio no incoloro de una lila,
te llamo entre palabras, casi tomo
el rojo azulimar que me obnubila.

Raro recomenzar, los montes libios
de tu pecho rotundo que hoy recorro
en los mil horizontes desparejos,

que dejan en la sombra muslos tibios,
escudos de furor por donde borro
mi angustia sin hogar ni catalejos.

X

a M., en su puesto de abuela.

Todo lo que genera y lo que brota
tiene un halo de forma y una estría
por donde irá diciendo su derrota
del sol la luz muriente cada día.

Sufre y deslumbra y sin saber acota
el límite a la esfera en su osadía;
no recuerda tampoco en lo que toca
si memorias de miel, o miel sin día.

Pero todo transcurre y aun le deja,
mientras la piel asoma en su regazo,
otra arruga fatal en su madeja.

Corre y respira y muere ante su brazo
sin tiempo a que el reloj le dé su queja
porque al nacer cortó y olvidó el lazo.

XI

a O.

Trepando nubes, poco a poco, y hallas
la exasperada fórmula del beso,
y en la ladera dos altas murallas
refrenan tu candor, que arde por eso.

Si no palabras entre lo que callas
verdes estigmas son como de yeso
puestas bajo las cifras donde estallas
en nube diluida, cielo espeso.

Salvajes tus jadeos lleva el viento
a rincones antiguos de mis miedos
y en el rumiar del aire se adormecen.

Ya en el festivo amanecer te miento
la clandestina forma y desvanecen
no la dañosa duda, sí mis ruegos.

XII

a S. G.

Gira en un torbellino el mundo insano
ocultando en locura su ansia ciega;
todo es un escenario en donde niega
el humano estupor su ignoto arcano.

Renace de sus voces como el vano
juego de noche y luz y allí le espera
un trueno azul que rompe la madera
de su obligada cruz, no por su mano.

Corre veloz el tiempo y precipita
todas sus ilusiones en la nada;
humo de soledad, su poca dicha,

si abrazar se empecina la infinita
verdad; antes, la muerte solapada
destilará en cenizas su desdicha.

XIII

a E.F.

Una guitarra intenta darme suave
el íntimo secreto de su beso,
y esconde su palabra como un rezo
en triste sonido de su llave.

Aquí también el pie busca su clave
y brinda su homenaje bajo el peso
de varios años; un recuerdo tieso
de ternura abortada ya ni sabe.

Y quizás te verás en algún día
en acróstico atento denunciado;
ya el gerundio burló su ardor pasado

dejando paralítico el presente.
Hoy estás lejos y me sabe mía
la memoria frugal del duende ausente.

XIV

a mis miedos (¿o a los tuyos?)

Escollos de diamante en golfos de oro
es el amor que niegas a mi ruego,
ya que en ondas de sol mis manos, ciego,
se queman al fulgor de lo que adoro.

Extraña libertad en donde moro
buscando tu perfil y allí me niego;
sortija que, humillando astro de fuego,
naufragio, es de mi pecho, porque lloro.

Y sé que en la prisión de tus sentidos
se descontrola impávido tu instinto
trocando en tempestad lo igual distinto.

Mas en la dirección de mis latidos
el corazón no atina a alzar sus velas
¡tanto de andar están rota sus telas!

XV

a J. E. S.

Por ti el silencio de la selva umbrosa
vino hasta mí sin formas de alegría
y en su mutismo ni un rumor crecía
que distrajera mi ansiedad medrosa.

El blanco lirio y colorada rosa
no dieron más motivo a mi porfía
que ir a desbarrancarse en su osadía
frente a los bordes de su mar luctuosa.

¡Ay, cuánto me engañaba! El fresco viento
secó mi llanto y prometió a la aurora
no darme beso apócrifo e incierto.

La desventura mía su incolora
bandera nutrirá si hacia otro puerto
orienta la corneja a mi escarmiento.

XVI

a E.

a)

> ... *y del sahumerio subía espesura de niebla.*

Nos separan murallas invisibles
de estridencia fugaz en nuestras vidas;
y otra vez no se dieron los posibles
anhelos de ilusión. En las sentidas

palabras que mi boca, inteligibles,
pronunciara ante el espanto; ya dolidas
tus débiles amarras, no risibles
angustia despertó y ansias dormidas.

Mientras los miedos nos amordazaban
el beso llegó leve. Me engañaban
transparentes incógnitas. La lucha

que mi pecho tejía no dejaba
ver que entre mis brazos se quedaba
tu secreto más hondo, que hoy no escucha.

XVII

b)

> *Matad viejos, mozos y vírgenes, niños y mujeres,*
> *hasta que no quede ninguno...*

Ven a la ceremonia en que tu abismo
de soledad profética te alcance;
y a mi furor, aunque hoy el tiempo en trance,
finja oído sordo, ¡cruel!, a tu mutismo.

No es a ti, que careces de divismo
por quien ruge la Voz de este percance,
que, si aún fuera por ti, en este lance
lo impidiera amoroso mi egoísmo.

Hoy, dormir; despertar y ver tus ojos
a la vera radiante de mi instinto;
conocer tu secreto en los despojos

de un amor consumado; el sol distinto
nemorosa palabra no te diese,
mientras yo te festejo y tu luz crece.

XVIII

c)

> *Y les daré un corazón, y un espíritu nuevo pondré dentro de ellos;*
> *y quitaré el corazón de piedra de en medio de su carne,*
> *y les daré un corazón de carne...*

Abortada la rosa en su capullo,
así abortó el amor que florecía;
enmudecido el río en su murmullo
así calló la luz que más quería.

Te acunaban mis brazos y el arrullo
de mi boca amorosa te dormía;
¡qué frágil el amor cuando no es suyo
el puerto a donde su ilusión envía!

Me agita una tristeza sin coraje
ni fuerza para obviar la enloquecida
pena de amor y el desganado ultraje

que el corazón hoy sin cuidados grita.
Tuya será la sangre que mi herida
abierta en su dolor sufre y palpita.

XIX

d)

Prolongarse han los días, y perecerá toda visión.

Que te quieres quedar yo lo adivino
en tu olvido total de tus doradas
prendas que sobre el lecho muy calladas
traicionan tu deseo y mi destino.

Te fuiste y al mirar vi el clandestino
designio de tus llagas abocadas
y ahogarse entre sus propias bocanadas
de asfixia sin futuro y sin camino.

¡Oh dulces prendas que en mi mal halladas
gritaron sin cansancio mi tormento,
en la denuncia de mi descontento

fracaso enamorado de tenerte!
Las prendas nos burlaron solapadas
para que puedas regresar y pueda verte.

a S. G.

Un tiempo extraño desembarca el cielo
y un corazón palpita entre su tedio:
juicio desesperado y sin consuelo,
tensión en las orillas sin asedio.

No corre el viento; y un total desvelo
acucia mi ilusión; extremo y medio
reparten su desdicha y no su celo,
larvando la amplitud por donde el predio

expande su alegría y su esperanza,
la forma de la luz en donde alcanza
la fe su modo de vivir y darse.

El sueño que feliz enmudecía
las dulces certidumbres, desoía,
el amor, de la infancia, al despertarse.

XXI

a Tita.

Sartas de rosas, flores de amaranto
seréis crucificadas algún día,
y en esa cueva que es locura impía
derramaréis como corteza el llanto.

De destinos y glorias como cantos
los ramos harán dulce algarabía;
la voz del unicornio en cacería
hará brotar bajo los tiempos mantos.

Y un monstruo con las alas venatorias
es juego de las tablas; los torneos
podrán cumplir presagios de victoria.

No aspirarán las rosas los trofeos
mas un instante aplaudirán su gloria
y, apantallando aljófares, deseos.

a R.R.

Hay un lugar de hierba en la ribera
de este musgoso río de neblinas
todo cubriendo el trébol mi cadera
dorado torso brazos serpentinas

El sol es fuego sobre mi alta espera
que a mis ojos prohíben sus divinas
fauces de mis tristezas pasajeras
locas y perezosas, repentinas

¿Qué murmullo brutal, Amor, me dices
en el ondeado líquido sereno
de súbitos espejos que me queman?

¿Qué mensaje me traes o bien qué ameno
viento me lame las orejas grises
con capullos de espuma que no reman?

XXIII

Dedicatorias

a Alejo Carpentier

Olas claras del alba se rompían
entre espasmos de sol y tú peleabas
la fuerza del silencio; el barco abrían
palabras sin garganta, en que morabas.

Inmemoriales proas exhibían
cacharros peculiares donde esclavas
las pústulas del mito te roían
los cauces temporales que mirabas.

No dejes que el sepulcro se desbande
en queja fantasmal; flor no escatima
la noche del amor donde rutilas.

Escándalo brutal, y luz, y espina,
rasgo monumental tu letra expande
un suave remolino de sibilas.

XXIV

a T.

Búsqueda del amor, búsqueda vana,
y vano todo esfuerzo, ¿justifica
las horas que gastamos en la rica
nocturna soledad de luz no sana?

Eros inmemorial, ¡rotundo!, mana
tu plenitud de forma, cuya mica
extiende en brillo y prolifera y pica
aunque es tu vientre sequedad de lana.

¡Profunda confusión que los sentidos
vienen a apresurar en la deshora
lúgubre y sideral de nuestros lechos!

¡Pena monumental donde los pechos
lastiman la periferia y no demora
el crepitar dolor con sus gemidos!

XXV

a mi hermano.

Sacrílego, derrocho el tiempo breve
que sacude la vida en forma clara
y le dejo dormidas mas no leves
salmodias de ilusión, que nunca para.

Allí le doy el sueño, y si no quiere
la acuno con la historia poco rara
de bellos y elegantes si no seres
de nunca procesados pluma avara.

Azul tribulación que apenas vive
y muere como el sol ante mi vista
que nace y se despide en amatista

cielo crucial del sur, que ya no sigas
la senda apresurada de su esposa,
nunca alcanzado seno, estéril rosa.

XXVI

a Arequipa.

Heráldica visión, verdad primera
de todo lo que guardo y atesoro
del corazón en una perla de oro
¡ciudad de mis eternas primaveras!

Blancas paredes y tranquila acera
por donde cuela perfumado el coro
de los geranios como abiertos poros
a tu lumínico cielo sin riberas.

¡Arequipa, tus montes y tus muros
a cobijar recuerdos vienen caros!
Si desconoces el oprobio impuro

que en tu hermana sembrara el moro duro,
¿por qué el designio de no verte avaro
ejecutas en mí sin darme amparo?

XXVII

a V.S. y G.F.

Tengo sueños de ayer, grave sonido,

que rondan el hocico de la muerte,
allí donde desgaja casi inerte
un blanco y dulce pájaro sin nido.

Queda el fantasma débil del sentido
en eco de mi voz que por tenerte
brazadas da en las sombras de su suerte,
noche oscura del alma en que no vivo.

Regreso por cavernas hasta el centro
crucial de los caminos y me asfixio;
desprendo de los árboles el vicio

que en brote silencioso va a mi encuentro;
no logro cerciorarme de la muda
certeza que la vida vil trasuda.

Otras publicaciones de Erosbooks:

Gerardo González
Soave Libertate

Otras publicaciones de Argus-*a*:

Gustavo Geirola
Introducción a la praxis teatral.
Creatividad y psicoanálisis

María Cristina Ares
Evita mirada
Modos de ver a Eva Perón:
las figuraciones literarias y visuales de su cuerpo
entre 1992 y 2019

Gustavo Geirola
Los discursos lacanianos y las dramaturgias

Eduardo R. Scarano (compilador)
Racionalidad política de las ciencias y de la tecnología.
Ensayos en homenaje a Ricardo J. Gómez

Virgen Gutiérrez
Con voz de mujer. Entrevistas

Alicia Montes y María Cristina Ares, compiladoras
Régimen escópico y experiencia.
Figuraciones de la mirada y el cuerpo
en la literatura y las artes

Adriana Libonatti y Alicia Serna
De la calle al mundo
Recorridos, imágenes y sentidos en Fuerza Bruta

Laura López Fernández y Luis Mora-Ballesteros (Coords.)
*Transgresiones en las letras iberoamericanas:
visiones del lenguaje poético*

María Natacha Koss
Mitos y territorios teatrales

Mary Anne Junqueira
*A toda vela
El viaje científico de los Estados Unidos:
U.S. Exploring Expedition (1838-1842)*

Lyu Xiaoxiao
*La fraseología de la alimentación y gastronomía en español.
Léxico y contenido metafórico*

Gustavo Geirola
*Grotowski soy yo.
Una lectura para la praxis teatral en tiempos de catástrofe*

Alicia Montes y María Cristina Ares, comps.
Cuerpo y violencia. De la inermidad a la heterotopía

Gustavo Geirola, comp.
*Elocuencia del cuerpo.
Ensayos en homenaje a Isabel Sarli*

Lola Proaño Gómez
*Poética, Política y Ruptura.
La Revolución Argentina (1966-73): experimento frustrado
De imposición liberal y "normalización" de la economía*

Marcelo Donato
El telón de Picasso

Víctor Díaz Esteves y Rodolfo Hlousek Astudillo
*Semblanzas y discursos de agrupaciones culturales
con bases territoriales en La Araucanía*

Dedicatorias

Sandra Gasparini
Las horas nocturnas.
Diez lecturas sobre terror, fantástico y ciencia

Mario A. Rojas, editor
Joaquín Murrieta de Brígido Caro.
Un drama inédito del legendario bandido

Alicia Poderti
Casiopea. Vivir en las redes. Ingeniería lingüística y ciber-espacio

Gustavo Geirola
Sueño Improvisación. Teatro.
Ensayos sobre la praxis teatral

Jorge Rosas Godoy y Edith Cerda Osses
Condición posthistórica o Manifestación poliexpresiva.
Una perturbación sensible

Alicia Montes y María Cristina Ares
Política y estética de los cuerpos.
Distribución de lo sensible en la literatura y las artes visuales

Karina Mauro (Compiladora)
Artes y producción de conocimiento.
Experiencias de integración de las artes en la universidad

Jorge Poveda
La parergonalidad en el teatro.
Deconstrucción del arte de la escena
como coeficiente de sus múltiples encuadramientos

Gustavo Geirola
El espacio regional del mundo de Hugo Foguet

Domingo Adame y Nicolás Núñez
Transteatro: Entre, a través y más allá del Teatro

Yaima Redonet Sánchez
Un día en el solar, expresión de la cubanidad de Alberto Alonso

Gustavo Geirola
Dramaturgia de frontera/Dramaturgias del crimen.
A propósito de los teatristas del norte de México

Virgen Gutiérrez
Mujeres de entre mares. Entrevistas

Ileana Baeza Lope
Sara García: ícono cinematográfico nacional mexicano, abuela y lesbiana

Gustavo Geirola
Teatralidad y experiencia política en América Latina (1957-1977)

Domingo Adame
Más allá de la gesticulación
Ensayos sobre teatro y cultura en México

Alicia Montes y María Cristina Ares (compiladoras)
Cuerpos presentes.
Figuracones de la muerte, la enfermedad, la anomalía y el sacrificio.

Lola Proaño Gómez y Lorena Verzero / Compiladoras y editoras
Perspectivas políticas de la escena latinoamericana. Diálogos en tiempo presente

Gustavo Geirola
Praxis teatral. Saberes y enseñanza. Reflexiones a partir del teatro argentino reciente

Alicia Montes
De los cuerpos travestis a los cuerpos zombis. La carne como figura de la historia

Lola Proaño - Gustavo Geirola
¡Todo a Pulmón! Entrevistas a diez teatristas argentinos

Germán Pitta Bonilla
La nación y sus narrativas corporales. Fluctuaciones del cuerpo femenino en la novela sentimental uruguaya del siglo XIX (1880-1907)

Robert Simon
To A Nação, with Love: The Politics of Language through Angolan Poetry

Dedicatorias

Jorge Rosas Godoy
Poliexpresión o la des-integración de las formas en/desde
La nueva novela *de Juan Luis Martínez*

María Elena Elmiger
DUELO: Íntimo. Privado. Público

María Fernández-Lamarque
Espacios posmodernos en la literature latinoamericana contemporánea:
Distopías y heterotopíaa

Gabriela Abad
Escena y escenarios en la transferencia

Carlos María Alsina
De Stanislavski a Brecht: las acciones físicas. Teoría y práctica de procedimientos actorales de construcción teatral

Áqis Núcleo de Pesquisas Sobre Processos de Criação Artística
Florianópolis
Falas sobre o coletivo. Entrevistas sobre teatro de grupo

Áqis Núcleo de Pesquisas Sobre Processos de Criação Artística
Florianópolis
Teatro e experiências do real (Quatro Estudos)

Gustavo Geirola
El oriente deseado. Aproximación lacaniana a Rubén Darío.

Gustavo Geirola
Arte y oficio del director teatral en América Latina
Tomo I: México y Perú

Gustavo Geirola
Arte y oficio del director teatral en América Latina
Tomo II: Argentina, Chile, Paraguay y Uruguay

Gustavo Geirola
Arte y oficio del director teatral en América Latina
Tomo III: Colombia y Venezuela

Gustavo Geirola
Arte y oficio del director teatral en América Latina
Tomo IV: Bolivia, Brasil y Ecuador

Gustavo Geirola
Arte y oficio del director teatral en América Latina
Tomo V: Centroamérica y Estados Unidos

Gustavo Geirola
Arte y oficio del director teatral en América Latina
Tomo VI: Cuba, Puerto Rico y República Dominicana

Gustavo Geirola
Ensayo teatral, actuación y puesta en escena.
Notas introductorias sobre psicoanálisis
y praxis teatral en Stanislavski

ErosBooks
Los Ángeles – Buenos Aires
2022

www.ingramcontent.com/pod-product-compliance
Lightning Source LLC
Chambersburg PA
CBHW051719040426
42446CB00008B/961